악필왕 김지령

제성은 글 | 윤유리 그림
초판 1쇄 발행일 2020년 7월 20일 4쇄 발행일 2024년 1월 26일
펴낸이 박봉서 펴낸곳 (주)크레용하우스 출판등록 제1998-000024호
편집 이민정·최은지 디자인 김금순 마케팅 한승훈·신빛나라
주소 서울 광진구 천호대로 709-9 전화 (02)3436-1711 팩스 (02)3436-1410
인스타 @crayonhouse.book 이메일 crayon@crayonhouse.co.kr

글 ⓒ 2020 제성은
이 책에 실린 글과 그림은 무단 전재 및 무단 복제할 수 없습니다.

ISBN 978-89-5547-702-3 74810

이 도서의 국립중앙도서관 출판시도서목록(CIP)은 서지정보유통지원시스템 홈페이지(http://seoji.nl.go.kr)와
국가자료공동목록시스템(http://www.nl.go.kr/kolisnet)에서 이용하실 수 있습니다.(CIP제어번호: CIP2020027408)

제성은 글 윤유리 그림

크레용하우스

■ 작가의 말

　몇 십 년 전, 작가들은 원고지에 꾹꾹 눌러 쓴 손 글씨로 글을 썼어요. 지금은 정보 통신 기술이 발달해서 컴퓨터에 원고를 쓰고, 다 쓴 원고는 출판사에 이메일로 보내지요. 컴퓨터에 깔아 둔 메신저로 간단한 안부도 묻곤 해요. 어느 순간부터는 컴퓨터로 하는 것이 훨씬 편리하게 느껴지더라고요.
　그렇지만 초등학생 때부터 대학을 졸업할 때까지는 손으로 직접 글을 쓰는 일이 많아요. 편지를 쓰든 일기를 쓰든 말이에요.
　여러분은 태어났을 때부터 이미 컴퓨터와 다양한 기기들이 있었기에 손으로 쓰는 것이 꽤나 힘든 일일 수 있어요. 제 아이도 마찬가지였어요. 또박또박 글씨를 쓰기보다는 빨리 쓰려고 글씨가 날아갈 때도 많았지요. 컴퓨터 글씨가 더 예쁜데 굳이 손으로 써야 하느냐는 질문도 받았답니다. 그럴 때마다 고민이 되었어요. 손 글씨가 필요한 순간은 어떤 때인지, 그리고 또박또박 정성껏 쓰는 것이 왜 중요한지를 어떻게 알려 줘야 할까 말이에요. 물론 잔소리처럼 들리지 않게 알려 주고 싶었어요.
　이 이야기는 그런 고민들을 담아 쓰게 되었답니다.
　『악필왕 김지령』에 등장하는 이야기는 딸이 실제 겪었던 일에서 가져왔어요. 4학년 때 일이었는데 남자 친구 둘이 딸에게 경쟁적으로 편지를 보냈어요.

하지만 글씨를 도무지 알아볼 수 없어서 답장을 하지 않더라고요. 여자 친구들끼리 글씨를 해독하기도 하고 말이지요.

그런데 어느 날엔가 둘 중에 더 못 알아볼 만큼 지렁이 글씨였던 친구가 엄청나게 노력해서 또박또박 멋진 글씨로 편지를 보낸 거예요. 선생님마저도 그 편지를 읽고 감동하며 이런 말을 남겼죠.

"아이고, 선생님이 잘 쓰라고 할 땐 말도 안 듣더니……."

뒷말은 하지 않아도 알겠죠? 좋아하는 친구에게 잘 보이려고 엄청나게 연습했다는 사실을 말이지요.

여러분도 지금 당장은 글씨를 왜 또박또박 써야 하는지 이해하지 못할 수 있어요. 편리하게 컴퓨터나 휴대 전화로 보내 버리면 끝이라고 생각할 수도 있어요. 하지만 지렁이가 겪는 이야기를 통해서 여러분도 한 가지는 깨달았으면 해요. 여러분의 글씨는 여러분의 모습과 많이 닮아 있다는 사실이요. 글씨가 여러분의 얼굴을 대신한다면 마구 날아가게 쓰고 싶진 않겠죠?

모두가 자신만의 글씨체를 찾길 바라며

제성은

차 례

악필왕 지렁이 ● 8

초등학생 글씨가 여든까지 간다? ● 18

슈퍼 울트라 폭탄급 충격 ● 20

내 글씨의 문제점을 찾아라! ● 24

전학 온 서율이 ● 27

천재가 악필인 이유가 있다고? ● 38

짝사랑의 시작 ● 40

필기도구를 골라요 ● 50

손 편지를 위한 특별훈련 ● 53

연필, 이렇게 잡아요 ● 60

편지 좀 대신 써 줄래? ● 62

글씨와 관련된 직업 ● 69

마음을 꾹꾹 담아 ● 71

바른 글씨, 이렇게 연습해요 ● 78

진짜 글씨 찾기 ● 80

글씨를 연습해 볼까요? ● 92

악필왕 지렁이

"알림장에 선생님 확인 도장 받는 모둠부터 집에 보내 줄게!"

선생님이 말했다.

지렁이는 한숨만 나왔다. 지렁이는 글씨 쓰는 걸 세상에서 가장 싫어하니까! 게다가 자기만 빨리 쓴다고 빨리 가는 게 아니라는 사실 때문이었다.

"김윤지, 오늘은 빨리 써라! 3학년이 왜 맨날 느려?"

지렁이는 짝꿍인 윤지에게 윽박지르듯 말했다. 물론 윤지는 글씨가 참 예뻤다. 방과 후 교실에서 캘리그래피를 배워서 글씨가 가지런하고 흐트러짐이 없었다. 그렇지만 속도는 조금 느렸다.

"야, 느림보 달팽이야!"

"너나 잘 써!"

윤지가 눈을 흘기며 말했다. 지렁이는 그럴수록 혀까지 내밀며 놀려 댔다.

"너희 엄마한테 이른다!"

윤지가 지렁이에게 강력한 공격을 했다.

윤지는 지렁이네 앞집에 사는데 눈만 마주치면 잔소리를 해 댔다. 짝꿍까지 되더니 학교에서의 일거수일투족을 엄마에게 고스란히 일러바칠 모양인가 보다.

"나도 이른다! 네가 늦게 써서 우리 모둠 꼴등이라고."

그때였다.

"얘들아, 조용! 이제 알림장 써라."

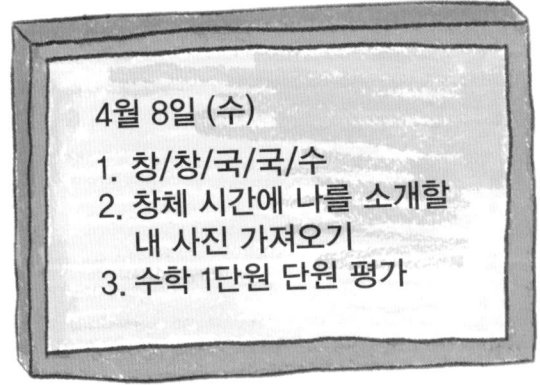

커다란 컴퓨터 모니터에 알림장이 올라왔다. 지렁이는 100미터 달리기를 할 때처럼 재빨리 썼다.

'누가 뭐래도 스피드가 생명이지!'

지렁이의 글씨는 거침없었다. 숫자 1은 ＼로 지렁이가 되어 꿈틀꿈틀 기어갔다. 숫자 2는 ↙처럼 날아 차기 자세로 얍! 하고 올라갔다. 숫자 3은 ⌒ 모양으로 갈매기가 되어 끼룩끼룩 날아갔다.

숫자만 그런 게 아니었다.

창/창/국/국/수는 징창33ㄴ 라고 쓰여 있었다. 글자마다 크기는 들쭉날쭉 엉망진창 제멋대로였다. 그렇게 써 놓고도 지렁이는 가장 먼저 검사받으려고 줄을 섰다.

"어휴! 김지렁, 네 글씨 보고 지렁이가 친구하자고 하겠다!"

선생님은 도장을 찍지 않고 지렁이의 알림장을 되돌려 주었다.

지렁이는 입을 삐쭉 내밀고 자리로 돌아왔다. 윤지는 아직도 2번을 쓰고 있었다.

"야, 느림보 달팽이! 너 때문에 늦게 가잖아!"

지렁이는 윤지를 타박하면서 또다시 1번부터 썼다. 그사이 옆 모둠 아이들이 걸음도 당당히 어깨를 으쓱하며 교실 밖으로 나가는 게 아닌가!

"나 축구하러 간다!"

현우가 지렁이를 향해 입을 뻥긋뻥긋했다.

지렁이는 마음이 급해졌다. 그래서 또다시 빠르게 글씨를 썼다. 이번에도 지렁이의 알림장에는 지렁이 몇 마리가 꼬불꼬불 기어 다녔다. 그뿐만이 아니었다. 처음에 썼던 글씨를 지우개로 제대로 지우지 않아서 글자들이 시커멓게 뭉개져 춤을 추었다.

"다 썼다!"

지렁이는 이번에도 잽싸게 나가서 줄을 섰다. 히지만 선생님의

반응은 이번에도 마찬가지였다.

"지령아, 네 글씨는 하나도 못 알아보겠는데?"

선생님은 또다시 도장을 찍지 않았다. 지령이가 두 번 검사를 받고 세 번째 알림장을 쓰는 동안 윤지는 선생님에게 도장을 받았다.

"김지령! 너 때문에 우리가 가장 늦었잖아! 이 느림보 달팽이! 우리가 꼴등이라고!"

윤지가 자리로 돌아와 지령이에게 쏘아붙였다. 아까 지령이가 윤지에게 했던 말과 똑같이! 지령이의 코에서 하마처럼 뜨거운 김이 훅훅 피어올랐다.

"선생님, 왜 저만 미워해요!"

"미운 건 네 글씨뿐인데?"

"제 글씨가 왜요?"

지령이는 영문을 모르겠다는 듯 고개를 갸웃거렸다.

"좋아, 네가 쓴 글씨를 한 번에 읽으면 도장 찍어 줄게."

선생님은 거기에 한마디를 덧붙였다.

"그 대신 못 읽으면 다시 쓰기야!"

지령이는 신나서 알림장을 읽었다.

"4월 8일 수요일. 창창국국수."

"설마, 이게 진짜 그렇게 쓴 거라고?"

선생님은 안경 너머로 알림장을 다시 한 번 훑어보았다. 아무리 봐도 그 글자로 보이지 않았다.

'거기까진 당연히 외웠지!'

지령이는 속으로 생각했다.

선생님은 다음 줄도 마저 읽어 보라고 했다.

"창체 시간에 나를 소……개……하는 내 사……전? 그러니까 국어사전 가지고 오기!"

"땡! 지령아, 사전이 아니라 사진이거든? 선생님이 알아볼 수 있게 다시 써 와!"

선생님이 알림장을 지령이 손에 쥐여 주었다.

"야! 너 때문에 우리 다 늦잖아!"

이준이와 윤지가 불평을 쏟아 냈다. 지령이는 투덜거리면서 또다시 앉아서 알림장을 썼다. 연필에 모터라도 단 듯 알림장 위로 연필이 움직였다.

"그러니까 나처럼 좀 느리더라도 처음부터 또박또박 썼으면 됐잖아!"

윤지가 지령이 옆에서 책가방을 멘 채 종알댔다. 그럴수록 지령이는 손에서 자꾸만 땀이 났고 연필은 미끄러졌다. 연필을 꽉 쥐고 글씨를 썼다. 한 자씩 쓸 때마다 아이들의 눈빛이 등에 꽂히는 것만 같았다. 연필을 놓쳐서 손바닥을 옷에 쓱쓱 문지르기도 했다.

결국 지령이는 가장 꼴찌로 알림장을 들고 선생님의 검사를 받았다.

"휴, 그나마 아까보다는 낫네."

선생님은 그제야 알림장에 도장을 찍어 주었다. 지령이는 창문으로 운동장을 살펴보았다. 현우는 벌써 집에 갔는지 운동장에 없었다.

"아! 글씨 쓰는 거 진짜 싫어!"

초등학생 글씨가

여든까지 간다?

온라인에서 한 아파트 단지에 붙어 있는 경비원 아저씨의 안내문이 화제가 된 적이 있어요. 경비원 아저씨가 쓴 쓰레기 재활용 수거에 대한 안내문이었지요. 내용보다 더 눈길을 끌었던 것은 바른 글씨 모양 때문이에요. 누리꾼들은 간결하고 깔끔한 글씨를 보고 경비원 아저씨의 인품까지 가늠하였지요.

요즘 시대는 글씨 쓰는 일이 확연히 줄어들었어요. 그렇지만 손 글씨에는 그 사람의 성격이나 인품이 담겨 있기 때문에 글씨를 바르게 쓰는 습관은 무척 중요하답니다. 글씨로도 자기의 모습이 평가된다니 글씨를 바르게 써야 하지 않을까요?

슈퍼 울트라 폭탄급 충격

지령이는 툴툴거리면서 계단을 내려왔다. 먼저 교실을 나갔던 현우는 전화를 받지 않았다. 지령이는 현우에게 문자 메시지를 보냈다.

> 너 어디야?
>
> 어디냐고!
>
> 야! 조현우! 축구 끝났어?

휴대 전화로 문자 메시지를 보내면서 괜히 짜증이 솟았다.

"이 글씨가 내 글씨면 얼마나 좋아? 그럼 알림장 쓰기도 단번에 통과되잖아!"

한편으로는 조금 억울한 생각도 들었다.

"휴대 전화나 컴퓨터로 쓰면 되는데 왜 굳이 손으로 쓰라는 거야? 선생님은 4차 산업 혁명도 모르나?"

지령이는 다시 현우에게 전화를 걸어 보았다. 하지만 이번에도 받지 않았다.

"되는 일이 하나도 없어!"

이게 전부 다 지긋지긋한 글씨 쓰기 때문인 것만 같았다.

지령이는 교무실 앞을 지나갔다. 스몸비족처럼 고개를 휴대 전화에 처박은 채였다. 그런데 갑자기 복도 바닥에 환하게 빛이 나는 게 아닌가! 지령이는 그 자리에 우뚝 멈춰서 고개를 천천히 들었다.

'왜 이렇게 눈부시지?'

지령이는 눈을 감았다 떴다. 한 여자아이에게서 빛이 나고 있었다. 지령이는 눈을 비볐다. 그런데 그 여자아이가 지령이를 보면서 씨익 웃는 게 아닌가!

'뭐야? 지금 나를 보고 웃은 거야?'

지렁이는 주위를 둘러봤지만 자기밖에 없었다. 여자아이는 지렁이 앞으로 걸어오더니 걸음을 멈췄다.

"3학년 3반이 어딘지 알아?"

맑고 커다란 눈에 볼이 통통한 단발머리 여자아이였다.

"어? 우리 반인데?"

"진짜? 나 내일부터 3학년 3반이야. 내 이름은 최서율인데 넌 이름이 뭐야?"

"난 김지령."

지렁이는 부끄러워서 조그맣게 말했다.

"지룡이?"

지렁이는 고개를 흔들었다. 그러자 서율이가 다양한 이름을 연속으로 불렀다.

"지영이? 지롱이? 지룽이? 지융이? 지봉이? 지율이?"

이름의 행렬은 마치 랩처럼 리듬을 탔다. 지렁이는 연신 고개를 흔들었다. 서율이는 입술을 살짝 깨물면서 말했다.

"진짜 미안해. 네 이름 여기에 써 줄래?"

서율이는 예쁜 수첩과 연필을 꺼내 지렁이에게 내밀었다.

"이름을 써 달라고?"

지렁이는 떨리는 손으로 수첩과 연필을 받아 들었다. 괜히 숨이 막 가빠지고 얼굴이 빨개졌다. 서율이가 쳐다보고 있으니까 손이 더 떨려 왔다. 지렁이는 부르르 떨리는 손으로 이름을 썼다. 글씨가 구불구불했다.

"꼭 기억할게, 네 이름! 내일 보자."

서율이는 수첩을 건네받고 환하게 웃었다.

그 순간이었다. 지렁이가 서율이에게 홀딱 반하고 만 것은!

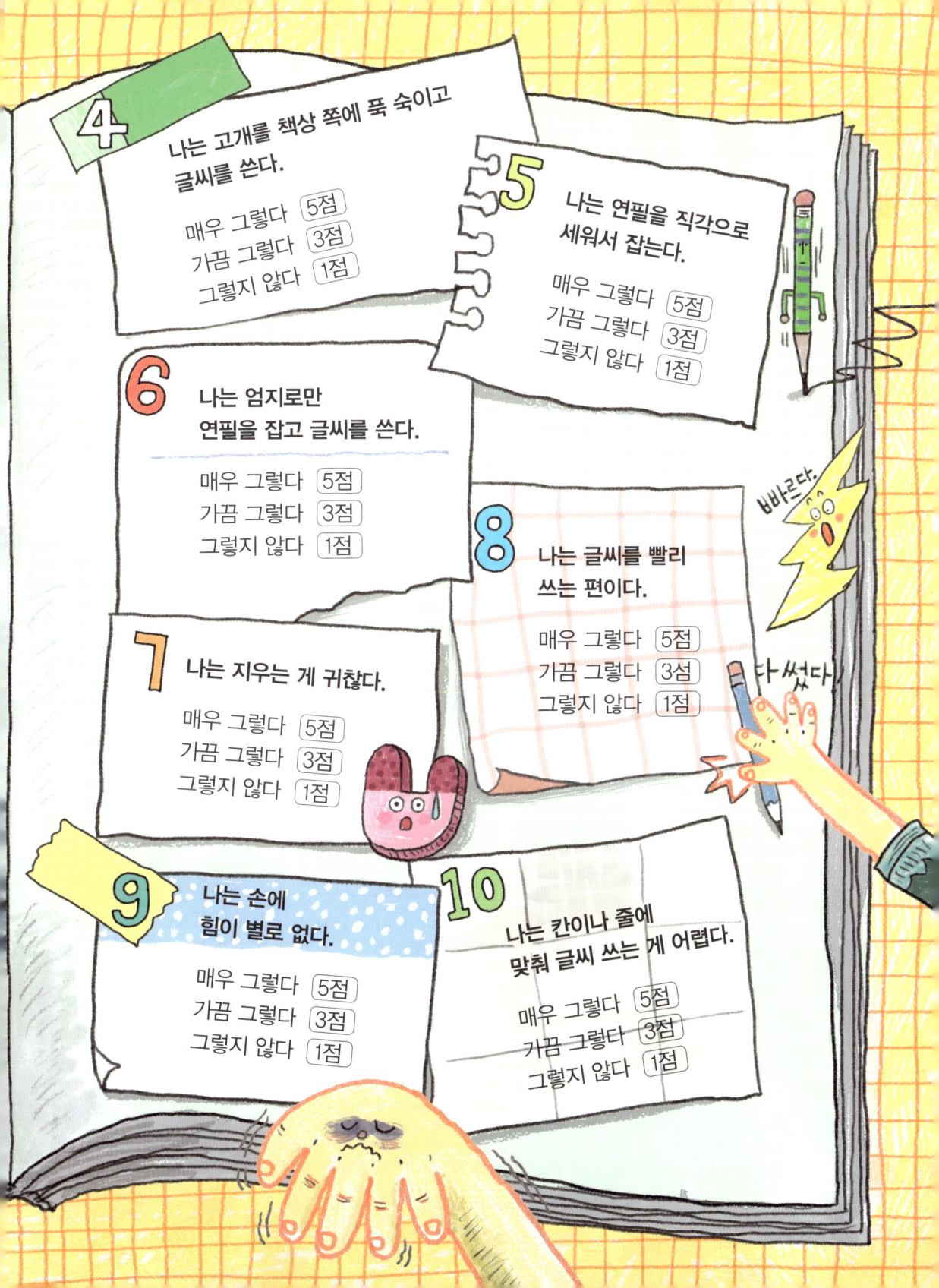

1~20점
아주 잘하고 있어요. 앞으로도 꾸준히 바른 자세를 유지하면서 글씨를 또박또박 쓰세요.

21~30점
잘하고 있어요. 팔이 아플 때에는 조금 쉬었다가 다시 연필을 쥐고 써 보세요.

31~40점
자세가 잘못되지는 않았나요?
연필을 바르게 잡고 글씨를 써 보세요.

41~50점
천천히 써도 괜찮아요. 연필을 똑바로 잡고 허리를 곧게 펴고 글씨 쓰기를 연습해 보세요.

전학 온 서율이

'서율이가 정말로 우리 반에 전학을 올까?'

다음 날, 지령이는 이렇게 가까웠나 싶을 만큼 학교에 빨리 도착했다. 교실에 도착하자마자 자리에 앉았다. 온 신경은 앞문을 향했다. 그때 복도에서 한 무리의 아이들이 들어오며 왁자한 소리가 났다.

"우아! 전학생 왔다!"

'전학생'이라는 말을 듣자마자 지령이의 심장이 쿵 떨어졌다. 지령이는 침이 자꾸만 꼴깍꼴깍 넘어갔다. 그리고 드디어 서율이가 앞문을 열고 들어왔다.

"여자아이다!"

여자아이들은 책상을 북처럼 쳐 댔다. 남자아이들은 여자아이라 아쉽다고 말하면서도 어쩐 일인지 입 모양은 웃고 있었다. 기다리던 바로 그 순간이 현실이 되자 지령이는 조금 어지러웠다. 속마음을 들킨 사람마냥 얼굴이 벌게졌다.

잠시 고개를 숙였다 들었는데 서율이와 눈이 딱 마주쳤다. 서율이가 이를 다 드러내고 웃으면서 손을 흔들었다. 지령이는 자기도 모르게 손을 흔들어 댔다.

선생님은 지령이의 대각선 뒷자리, 한마디로 이준이의 짝꿍으로 서율이의 자리를 정했다. 서율이가 자리를 향해 걸어가는데 그 방향대로 아이들의 고개가 돌아갔다. 서율이는 3학년 3반의 태양이고 아이들은 해바라기가 된 것처럼!

서율이는 자리에 앉자마자 지령이의 등을 콕콕 찌르며 말했다.

"지렁아!"

서율이에게 집중하던 아이들이 한꺼번에 웃음을 터트렸다.

"푸하하! 지렁이래!"

아이들은 책상을 두드려 대고 벌떡 일어나 발을 굴렀다. 서율이는 영문을 모르겠다는 듯이 눈을 커다랗게 떴다.

"쟤 별명을 어떻게 알아?"

이준이가 낄낄거리면서 서율이에게 물었다.

"이름이 김지렁 아니야?"

서율이가 되물었다. 지령이는 난감한 표정을 지으며 고개를 푹 숙였다. 그럴수록 아이들은 더 크게 웃어 댔다.

"얘 이름은 김지령이야. 별명은 네 말대로 지렁이지! 그것도 아주아주 긴 지렁이!"

윤지가 또박또박 설명했다.

"지령이였구나. 미안해. 어제 네 글씨를 잘못 읽었나 봐……."

서율이는 미안하다면서 어쩔 줄 몰라 했다. 지령이는 이쯤에서 끝나기를 바랐다. 하지만 윤지는 집요한 구석이 있었다.

"어머, 글씨가 엉망진창인 건 언제 본 거야?"

서율이가 수첩을 꺼내 들었다. 어제의 그 예쁜 수첩이었다. 하지만 지령이의 눈에 그 수첩은 세상에서 가장 공포스러운 수첩으로 보였다.

"어제 복도에서 만났거든. 같은 반이라기에 내가 이름을 써 달라고 했어."

아이들이 서율이를 중심으로 모여들었다.

"도대체 어떻게 썼는데?"

서율이가 지령이 눈치를 살피며 수첩을 내밀었다.

"이게 읽으라고 쓴 글씨야?"

"아무도 못 알아보게 하는 비밀 암호가 틀림없어."

아이들은 수첩을 보고 깔깔대며 지령이를 놀렸다.

"글씨에 그 사람의 인품이 묻어난다는 말 알아? 김지령 네 인품은 역시 지렁이야!"

윤지도 한마디 거들었다.

"아, 그만 좀 할래?"

하지만 윤지는 멈추지 않았다.

"우리 모둠은 김지령 때문에 맨날 늦게 가. 글씨가 아주 난장판

이잖아."

"아, 그만 좀 하라고!"

윤지는 아랑곳하지 않고 깔깔거렸다. 하지만 그때만 해도 지령이는 미처 몰랐다. 글씨 때문에 어떤 일이 벌어질지.

2교시 수학 시간이었다. 반 아이들 모두 중요한 사실을 깜빡 잊고 있었다.

"오늘 수학 단원 평가 본다고 했지?"

선생님은 시험 본다는 말을 현장 학습으로 놀이동산에 가는 것처럼 경쾌하게 말했다.

"일주일 전부터 오늘 단원 평가 본다고 했잖아?"

"아아아악!"

아이들의 고함에 선생님은 신난 표정으로 시험지를 나눠 주었다. 아이들은 투덜거리다 시험지가 전달되자 조용해졌다. 사각사각 연필 소리만 교실을 채웠다.

지령이는 연필을 꽉 쥔 채 시험지를 쳐다보았다. 문제는 객관식 20문제에 주관식 10문제로 총 30문제였다. 5번까지는 아주 쉽게 척척 풀었다. 하지만 6번 문제에서 첫 번째 고비가 찾아오

고야 말았다.

 '3번인가? 아니지, 1번이야!'

 지령이는 3번에 동그라미를 했다가 지우고 다시 1번에 동그라미를 쳤다.

 20번까지 객관식을 다 풀고 이제 주관식 문제였다. 주관식 첫 번째 문제는 덧셈과 뺄셈 문제였다. 지령이는 시험지 구석에 식을 적었다. 그런데 문제를 풀다가 자기가 적은 글씨를 보며 고개를 갸웃거렸다.

 '6이라고 쓴 건가, 0이라고 쓴 건가?'

 지령이는 머리가 복잡했다.

'에이, 몰라. 0이라고 쓴 거겠지.'

'0'으로 계산하면서 문제를 풀었다. 그런데 다음 문제를 풀 때도 자기 글씨를 알아보지 못했다.

'이건 1이라고 쓴 거야, 7이라고 쓴 거야?'

지령이는 이번에도 한참 쳐다보았다. 그러다가 금세 1이라고 답을 썼다.

'이러다가 100점 맞는 거 아냐? 그럼 서율이가 나를 천재라고 생각하겠지?'

어쩐지 어깨가 쭉 펴졌다.

'맞아! 엄마가 나한테 천재라고 했잖아, 큭큭!'

물론 엄마는 지령이가 공부할 때마다 요리조리 빠져나갈 핑계를 대면 천재라고 말하긴 했다. '잔머리 천재, 잔머리 세계 챔피언'이라고 말이다. 하지만 지령이는 자기에게 유리한 대로 '천재'라는 말만 떠올렸다.

비록 악필로 놀림감이 되었지만 수학 천재의 면모를 드러낸다는 생각에 가슴이 부풀어 올랐다. 시험 결과가 기다려진 건 처음이었다.

"자, 다 풀었지? 시험지 걷어 와라."

지렁이는 선생님이 채점하는 동안 상상에 빠졌다. 서율이가 지렁이의 시험지를 보고 놀라며 '너 정말 수학 천재구나!' 하고 말하는 모습을.

그때였다.

"지령아, 이리 좀 와 볼래?"

선생님이 지령이를 불렀다. 지령이는 기다렸다는 듯 벌떡 일어났다. 그러고는 선생님 옆으로 잽싸게 달려갔다.

'앗싸! 백 점!'

지령이는 가슴이 벅차올랐다. 서율이가 자기를 봐 주면 좋겠다 싶었다. 그 마음이 통했을까? 지령이는 서율이와 눈이 마주치자 신나게 웃으면서 손가락으로 V를 만들기까지 했다.

그런데 선생님이 접시가 와장창 깨지는 말을 했다.

"지령아, 이거 뭐라고 쓴 거야?"

"아, 그거 1이요."

"1이라고?"

"네!"

그러자 선생님이 빨간색 색연필로 쫙 그었다.

"아, 왜요!"

"답이 7이야."

"아, 잘못 봤어요. 그거 7이라고 쓴 거 맞아요!"

"방금 네가 1이라면서?"

"제가요? 언제요?"

진땀이 났다. 아이들이 모두 쳐다보고 있었다. 그중에서 서율이가 더더욱!

"아, 선생님. 천재는 원래 악필이라잖아요. 7 맞다고요."

그러자 선생님이 기막히다는 듯 지렁이를 쳐다보았다.

"좋아. 그럼 이긴 뭐라고 쓴 거야? 6이라고 쓴 거니, 0이라고 쓴 거니?"

"0이요, 0!"

"쯧쯧쯧! 0을 넣어서 계산했으니 답이 틀리지. 6으로 계산했으면 맞았잖니. 네가 글씨만 또박또박 썼으면 다 맞았을 텐데. 식은 제대로 세워 놓고 도대체 몇 문제를 틀린 거야?"

선생님이 점수를 매

겼다. 최고로 어려웠던 문제도 다 풀어 놓고 글씨를 잘못 써서 틀려 버리다니. 결과는 65점.

지렁이는 시험지를 받아들고 자리로 돌아오면서 서율이를 잠깐 쳐다보았다. 서율이는 지렁이를 보고 있지 않았다. 이준이랑 이야기하며 웃고 있었다. 이준이는 백 점 맞은 시험지를 자랑스럽게 책상 위에 올려 두고 있었다.

천재가 악필인 이유가 있다고?

역사적으로 유명한 위인 중에 악필이 많다는 말을 들어 본 적 있나요? 악필로 유명한 위인으로는 베토벤, 에디슨, 톨스토이, 레오나르도 다빈치 등이 있어요.

'천재' 소리를 듣는 위인들 중 악필이 많았다고 하니까 왠지 안심되나요? 내 글씨가 조금 엉망이어도 천재라는 증거라고 위로하고 있지는 않나요?

그런데 천재들이 악필인 이유가 있답니다. 순간적으로 떠오르는 영감을 기록하려고 마구 휘갈겨 썼기 때문이에요.

악필 때문에 베토벤의 곡 제목이 바뀌었다는 사실을 알고 있나요? 바로 베토벤이 작곡한 소나타 〈엘리제를 위하여〉라는 곡이에요. 유명한 피아노 연주곡으로 많이 들어 봤을지도 몰라요. 그런데 그 곡의 원래 제목은 〈테레제를 위하여〉였답니다.

　왜 테레제가 엘리제가 되었냐고요? 출판사 담당자가 베토벤의 글씨를 잘 못 알아봤기 때문이랍니다. 글씨가 너무 휘갈겨 써 있었거든요.
　러시아의 소설가 톨스토이 역시 악필로 유명했대요. 그래서 톨스토이의 부인이 늘 남편의 원고를 해독해 다시 썼다고 하네요.
　그렇지만 역사에 남은 위인 중에는 명필이 더 많답니다. 실제로 세종 대왕이나 뉴턴, 그리고 아인슈타인 같은 인물들의 글씨는 아주 깔끔하고 정갈했답니다. 글씨로 이름을 날린 추사 김정희, 신사임당, 서희, 안중근, 중국의 왕희지도 있지요. 글씨를 잘 써서 세상에 이름을 날릴 수 있다니 정말 멋지지 않나요?

짝사랑의 시작

지렁이는 자꾸만 뒤에 있은 서율이를 돌아보았다. 낄낄 웃는 소리가 나면 괜히 연필을 떨어뜨린 척하면서 뒤돌았다.

"우아, 너 글씨 되게 또박또박 쓴다?"

서율이가 이준이의 공책을 보며 말했다.

"고마워, 너도 잘 쓰는데?"

"아니야, 내 글씨는 마음에 안 들어. 네 글씨는 아주 반듯해서 부러운걸?"

서율이는 이준이의 글씨를 보며 계속 감탄했다. 이준이의 입꼬리가 자꾸 올라갔다.

"오늘 우리 집 앞 놀이터에서 같이 놀래?"

이준이가 서율이에게 말했다. 서율이가 망설이는 사이 지령이가 잽싸게 끼어들었다.

　　"아냐! 우리 집에 가자!"

　　지령이는 자기도 모르게 말을 내뱉었다. 옆에 있는 윤지도 거들었다.

　　"나도 갈래! 우리 같은 모둠이잖아? 안 그래?"

　　"아니야, 우리 집에 가자! 엄마한테 떡볶이 해 달라고 하자."

　　서율이가 환하게 웃으며 말했다. 덧니가 있어서 더 귀여워 보였다.

　　"정말?"

　　"응, 그런데 1시간만. 안 그러면 댄스 학원 늦거든."

　　서율이네 집에 간다는 생각에 지령이는 심장이 쿵쾅거리고 얼굴이 자꾸만 붉어졌다.

　　수업이 끝나고 또다시 알림장을 쓰는 시간이 찾아왔다.

　　"오늘은 제발 다들 또박또박 글씨를 써 보자."

　　선생님 말에 윤지는 괜스레 지령이의 옆구리를 쿡 찔렀다.

　　"너 말하는 거야, 김지령."

　　"아쭈, 이게!"

지렁이는 윤지를 확 노려보았다.

선생님이 모니터를 켜자 알림장 내용이 화면에 떠올랐다. 서율이와 이준이, 윤지는 차분히 글씨를 써 내려갔다. 물론 지렁이도 자기 딴에는 똑바로 쓴다고 썼다. 하지만 서율이가 앞에 나가고 이준이가 앞에 나가서 도장을 받아 오자 진땀이 났다.

'하아, 나만 빼놓고 서율이네 가면 어쩌지?'

초조한 마음이 들자 글씨는 더 오락가락했다. 지렁이는 두 번이나 다시 써서 도장을 받았다.

"야! 김지령! 니 때문에 또 늦었잖아."

윤지가 투덜거렸다.

"맞아, 서율이 댄스 학원 가야 해서 1시간밖에 못 논댔잖아."

이준이도 거들었다.

지렁이는 억울한 생각이 들었다.

"나도 잘 쓰고 싶었거든?"

"말이나 못 하면! 네가 진짜 글씨를 잘 쓰고 싶으면 나한테 배우든가!"

윤지가 지렁이의 뒷덜미를 확 붙잡았다.

"이거 놔! 이거 놓으라고!"

"에이! 싸우지 마. 30분이라도 우리 집에서 놀자!"

우리는 서율이를 따라 재빨리 서율이네 집으로 향했다.

"우아! 여기가 서율이 네 방이야?"

서율이 방은 깔끔하게 정리되어 있었다. 그리고 벽에는 상장이 들어 있는 액자가 걸려 있었다.

"서율아, 상장에 있는 학교 이름이 왜 다 달라?"

윤지가 상장들을 보면서 물었다.

"우리 아빠가 군인이라서 자주 이사하거든. 그래서 전학을 무척 많이 다녔어."

"아! 그렇구나. 그러면 친구가 별로 없겠다."

지령이는 진심으로 걱정되어 한 말이었다. 그런데 서율이가 환하게 웃으면서 뭔가를 보여 주었다.

"이거 볼래? 이게 내 보물 상자야."

서율이는 꽤 커다란 상자를 낑낑대며 들고 왔다.

"이게 뭔데?"

윤지가 상자를 보며 눈이 휘둥그레졌다.

"짜잔!"

상자 뚜껑이 열리자 편지 봉투가 수북했다.

"이게 다 뭐야? 편지들이잖아?"

윤지가 봉투들을 꺼내 들었다.

"전학을 자주 다녀서 친구들이랑 편지를 많이 주고받았어. 나는 손 편지가 그렇게 좋더라!"

"손 편지?"

"응, 우리 아빠가 군인이라 엄마랑 편지를 많이 주고받았대. 엄마 아빠도 상자 가득하게 갖고 있거든. 그래서 나도 손 편지 쓰는 게 너무너무 좋아."

서율이는 편지 중에서 아빠가 쓴 편지를 보여 주었다.

"이건 우리 아빠가 작년에 써 준 편지야!"

서율이는 자랑스럽게 편지를 꺼냈다.

"대박! 이게 진짜 너희 아빠 글씨라고?"

서율이 아빠의 글씨는 한석봉이나 김정희가 쓴 것이라고 해도 될 만큼 명필이었다. 또박또박하고 간격이 딱딱 맞아서 예술 작품처럼 멋졌다.

"우리 엄마 아빠처럼 사랑 고백을 편지로 받는다면 정말 낭만적이겠지?"

"나도 카톡으로 고백하는 거 별로야. 거절하면 장난친 거라고 하고!"

윤지가 낄낄 웃어 댔다.

"맞아, 나도 카톡 고백 같은 거 싫어. 흔하지 않으면서 마음이 담긴 손 편지가 더 멋져!"

서율이가 배시시 웃었다. 윤지도 고개를 끄덕거렸다.

짝사랑의 시작 45

집으로 돌아온 지령이는 넋이 나간 표정을 지었다.

"카톡 고백, 문자 고백, 전화 고백, 스케치북에 그림 그려서 고백! 많고 많은 고백 중에 왜 하필 손 편지냐고!"

지령이는 책상에 쿵 하고 엎드렸다. 그때 엄마가 지령이 방으로 들어왔다. 그러고는 지령이가 책상 앞에 앉은 모습을 보더니 그 자리에 멈춰 섰다.

"지령아! 괘, 괜찮니? 어디 아픈 거 아니니?"

엄마는 진심으로 걱정된다는 듯 지령이의 이마를 짚었다.

"엄마, 난 왜 글씨를 못 써?"

지령이의 말에 엄마가 황당하다는 듯이 쳐다보았다.

"엄마가 묻고 싶은 말이다. 도대체 넌 왜 글씨가 날아다니니?"

지령이는 엄마의 잔소리에 귀를 틀어막고 생각했다.

'컴퓨터로 편지를 쓴 다음 프린트해서 줄까?'

그 방법은 아니었다. 서율이가 손 글씨와 컴퓨터 글씨를 못 알아볼 리 없었다.

'윤지한테 써 달라고 할까?'

호랑이도 제 말 하면 온다더니 마침 윤지가 지령이네 집에 찾아왔다. 엄마 심부름으로 과일을 들고 찾아온 길이었다.

윤지는 집에 가지 않고 굳이 지렁이 방까지 들어왔다. 그리고 지렁이가 책상 앞에 앉아 있는 희귀한 장면을 목격하고는 배를 잡고 웃었다.

"야, 너 뭐 하냐?"

"김윤지! 글씨를 어떡해야 잘 쓸 수 있어?"

"잠깐만요, 내가 잘못 들은 거죠?"

윤지는 존댓말까지 쓰면서 비웃어 댔다.

"무조건 잘 쓰고 싶다고!"

"갑자기 왜?"

윤지는 지렁이에게 또다시 집요하게 파고들었다. 서율이에게 손 편지로 고백하고 싶다는 말은 차마 할 수 없었다. 말하는 순간 전교에 소문이 날 게 뻔했다.

하지만 지렁이가 어떤 지렁이란 말인가! 엄마가 인정한 잔머리의 천재 아니던가!

"네가 예전에 그랬잖아. 글씨가 그 사람의 인품을 보여 주는 거라면서?"

"그, 그랬지!"

짝사랑의 시작 47

"그리고 우리 모둠도 집에 빨리 가야 하잖아."

"그건 맞는 말이지!"

"그러니까 도와 달라고. 너도 좋은 일이잖아?"

지령이의 말에 윤지는 잠시 생각하다가 연필이 가득한 연필통을 들었다.

"일단 연필을 골라잡아!"

필기도구를 골라요

바른 필기도구를 고르는 것은 바른 글씨를 쓸 수 있는 첫 걸음이랍니다! 글씨를 잘 쓸 수 있도록 여러분에게 알맞은 바른 필기도구를 선택하게 도와줄게요! 글씨 쓰기를 연습할 때는 샤프보다 연필이 좋아요. 그럼 문항을 선택해 따라가 볼까요?

선택! 샤프냐? 연필이냐?

⭐ 1

난 샤프를 선택할래! 2번으로
난 연필을 선택할래! 3번으로

⭐ 2

어서 와!
얇고 얇은 심이 든 샤프!!

4번으로

⭐ 3

어떤 심을 원하니?

짙고 부드러운 심 5번으로
얇고 딱딱한 심 6번으로

⭐ 4

똑똑똑똑. 으악!
심이 다 부러지고
글자가 엉망이야!

1번으로

⭐ 5

유후! 부드러우면서도
짙은 색의 2B연필!

너 손힘이 강해? 7번으로
약해? 8번으로

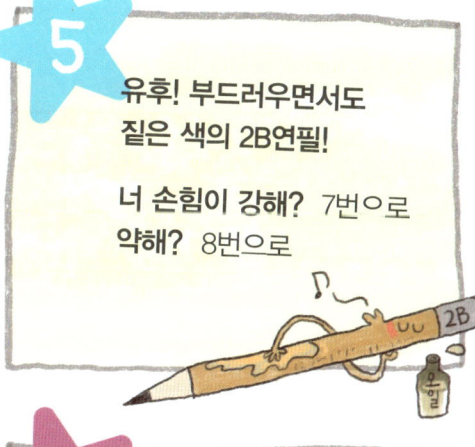

⭐ 6

얇고 딱딱한 심인 HB!
너 손힘이 강해?

강하면 10번으로
약하면 11번으로

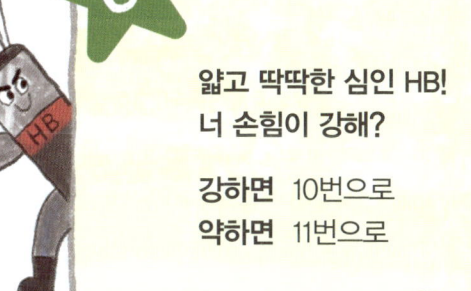

⭐ 7

그럼 연필깎이로 연필을
잘 깎아 볼까나!

9번으로

8
손힘이 약하구나?
그러면 2B로 써야
안성맞춤이야!
축하해!
아주 잘 골랐어! (끝)

9
힘이 센 네가 글자를
2B로 썼더니 글자가 다 번졌어.
다시 선택하려면
3번으로

10
HB를 고른 너!
손힘이 강하구나?
그러면 연필깎이로 깎아 볼까?
12번으로

11
HB를 고른 너!
손힘이 약하구나?
그러면 연필깎이로 깎아 볼까?
13번으로

12
손힘이 강한데 HB를 고른 너!
딱 적당하게 골랐어.
이제 멋지게 글씨를 써 볼까? (끝)

13
이런! 손힘이 약한데
HB를 골랐더니 글자가
잘 안 보이는데?
다시 고르려면 3번으로

손 편지를 위한 특별훈련

 윤지는 책꽂이에 꽂힌 국어 공책을 꺼냈다. 까두기처럼 네모반듯한 칸이 그려진 공책이었다.
 "김지령, 연필을 똑바로 잡아 봐!"
 지령이는 귀찮다는 듯이 연필을 대충 잡았다. 윤지는 한숨을 푹 내쉬며 설명했다.
 "엄지와 검지로 연필의 3~4cm 되는 곳을 잡아 봐. 중지 첫 번째 마디로 연필 아랫부분을 받치고, 엄지와 검지로 연필을 지그시 잡아."
 지령이는 연필을 똑바로 잡는다고 잡았지만 윤지는 그때마다 잘못 잡았다고 난리였다.

"어휴, 겨우 연필 잡았네. 이제 공책에 숫자부터 써 보자."

"야! 숫자? 내가 무슨 아기도 아니고."

"네 글씨는 아기들보다 더 엉망이야. 유치원 애들도 지금 너보단 잘 쓸걸!"

"뭐라고?"

"자, 숫자를 써 보자."

"야! 나 숫자 잘 쓰거든?"

"네, 잘 쓰셔 가지고 수학 시험 볼 때 네가 쓴 숫자 잘못 보셨나 봐요?"

할 말이 없었다.

"김윤지! 너희 엄마한테 벌써 이른 건 아니지?"

윤지는 혀를 날름 보였다. 일렀다는 건지 안 일렀다는 건지 알 수가 없었다. 윤지는 이번에도 국어 공책을 가리켰다.

"자, 칸에 맞춰서 숫자 1을 써 봐."

지렁이는 귀찮아서 아무렇게나 1을 찌이익 그었다.

"1을 왜 눕힌 거야?"

윤지는 기껏 쓴 글씨를 지우개로 지워 버렸다.

"야, 왜 지워?"

"다시! 1처럼 써 봐."

1을 쓰는데 지렁이의 손이 떨렸다. 좀 작은 듯했지만 어쨌든 아까보단 1처럼 보였다. 1이 이렇게 어렵다니!

"휴, 아까보단 나아졌네!"

"야! 내가 1도 못 쓰겠냐."

"좋아. 그러면 2도 써 봐."

"얘는 모양이 왜 이래?"

지렁이가 2를 쓰자 윤지는 또다시 지우개로 쓱싹쓱싹 힘주어 지워 버렸다.

"야! 기껏 썼는데 왜 자꾸 지워!"

"또박또박, 천천히, 1부터 10까지 써 놔!"

"아, 진짜! 알았다, 알았어!"

지령이는 의자에 앉아서 공책에 숫자를 쓰기 시작했다.

"이제 됐지?"

"6은 슬리퍼, 8은 머리 큰 눈사람, 9는 불에 타서 찌그러진 국자, 10은 '으'라고 쓴 거니?"

윤지는 이번에도 박박 지워 버렸다.

"야! 겨우겨우 다 쓴 거란 말이야!"

"배우겠다며!"

"아, 됐어! 나 안 해! 원래 천재는 악필이야!"

"수학 65점이 천재는 아니잖아?"

"야, 에디슨이 수학 시험 잘 봤냐? 에디슨은 아예 학교도 안 다녔어."

"그래, 너 말 잘했다! 그럼 에디슨처럼 발명을 해 봐."

지령이는 할 말을 잃었다. 윤지 말에 뭐 하나 틀린 게 없어서 받아칠 수 없다는 게 분했다.

"내일 아침까지 한 페이지 가득 1부터 10까지 써 와!"

윤지는 혀를 날름 내밀고는 집으로 갔다.

"아우, 저게!"

지령이는 짜증이 났지만 할 수 없이 숫자를 몇 번 썼다. 하지만 그 다짐도 금세 식어 버렸다.

'지금 숫자 쓰는 게 문제가 아니라고! 서율이에게 편지를 써야 한단 말이야!'

지령이는 국어 공책을 확 덮어 버렸다. 그리고 냅다 편지지를 꺼내 들었다. 예전에 어버이날에 쓴다고 사 두었던 편지지였다. 머릿속이 하얬다. 그렇지만 마침내 연필을 들고 한 글자씩 써 내려갔다.

> 서율아안녕
> 나는네가우리반으로

글씨를 잘 써 보려고 꽉 눌러서 썼더니 딱 두 줄만 썼는데도 팔이 아팠다. 게다가 글씨를 보니 하나도 예쁘지 않았다.

"아, 몰라 몰라!"

지렁이는 편지지를 마구 구겼다. 이런 글씨로 편지를 보냈다가는 서율이가 또 글씨를 알아보지 못할 게 뻔했다.

문득 지렁이 머릿속에 이런 장면이 떠올랐다.

서율이는 지렁이의 편지를 기대에 찬 눈으로 읽어 내린다.

(원래 머릿속으로 상상한 글씨)

서율아, 안녕.

나는 네가 우리 반으로 전학 와서 좋아.

첫눈에 너한테 반해 버렸지 뭐야.

나랑 사귈래?

시간이 없으면 쉬는 시간이라도 사귈래?

서율아안녕
나는네가 우리 반으로 전학 와서좋아.
첫눈에너한테반해버렸지뭐야.
나랑사귈래?
시간이없으면 쉬는시간이라도사귈래?

하지만 글씨가 엉망진창이라 편지를 잘못 읽는다. 서율이의 두 손이 부들부들 떨린다.
"야! 김지령! 너 지금 나 놀리는 거야?"
서율이가 소리친다.

지령이는 정신이 퍼뜩 들어 고개를 절레절레 흔들었다.
"안 돼! 이런 일이 일어나선 절대 안 돼!"

연필, 이렇게 잡아요

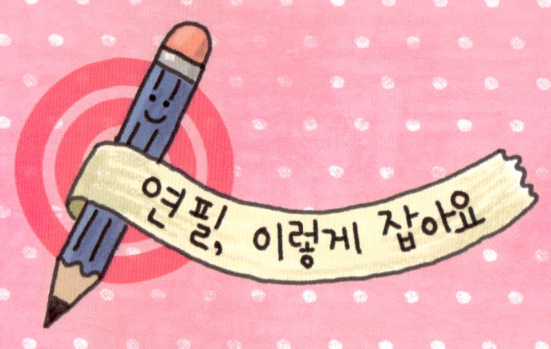

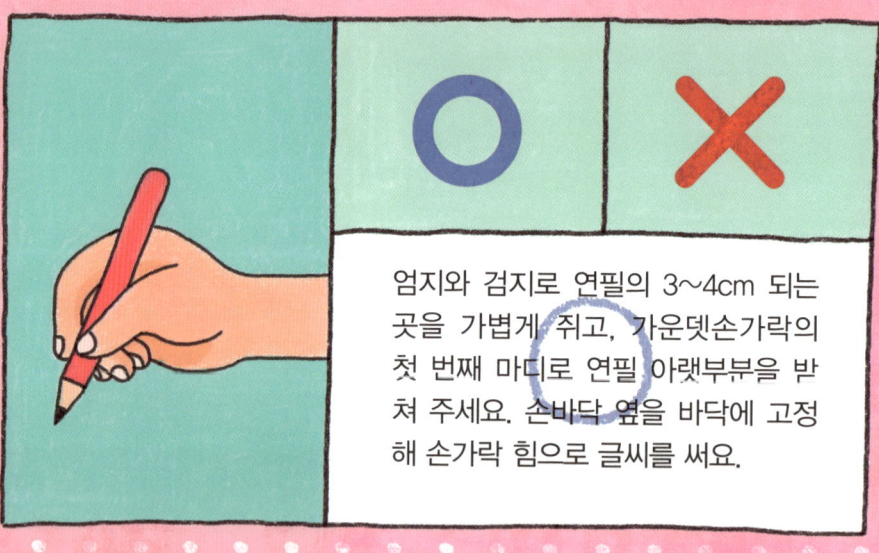

엄지와 검지로 연필의 3~4cm 되는 곳을 가볍게 쥐고, 가운뎃손가락의 첫 번째 마디로 연필 아랫부분을 받쳐 주세요. 손바닥 옆을 바닥에 고정해 손가락 힘으로 글씨를 써요.

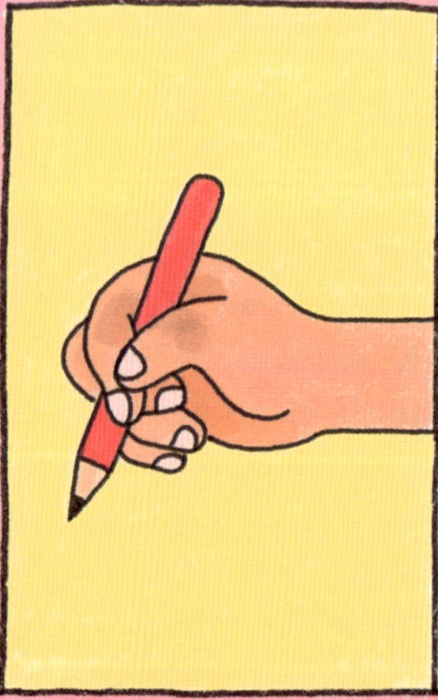

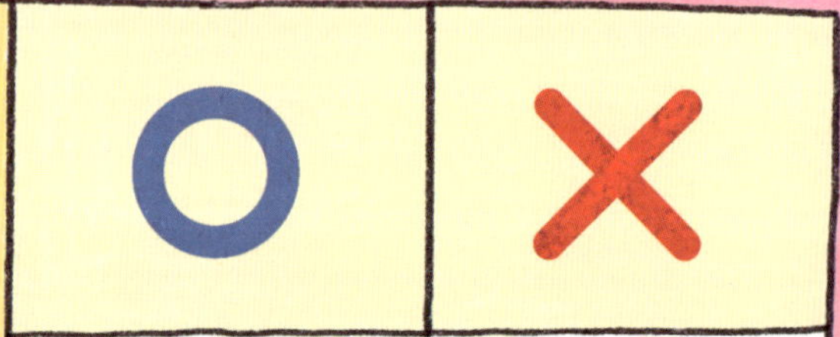

검지로 연필을 쥐듯이 감싸서 잡은 다음,
엄지로 받쳐 줍니다.
연필과 바닥이 직각이 되도록
세워 잡아요.

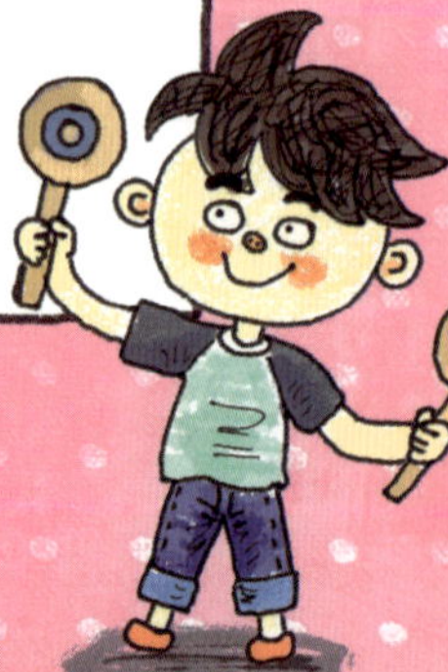

연필 쥔 손의 손바닥 옆이 바닥에 닿지 않도록 조심하며 공책과 연필은 되도록 눕혀서 잡고 써요.

책상에 엎드려서 글씨를 쓰는 건 좋지 않은 자세예요. 엉덩이가 의자 끝까지 들어가도록 깊숙이 당겨 앉고, 허리와 어깨를 펴요. 턱은 몸 쪽으로 당긴 다음 시선을 아래로 내려요. 종이와 시선은 약 50cm 거리를 유지해요.

이렇게 잡으면 안 돼요!

편지 좀 대신 써 줄래?

아찔한 상상이 끝나고 지령이는 자기가 생각해도 대단한 생각이 떠올랐다.

'아, 난 진짜 천재 아닐까?'

다음 날, 지령이는 학교에 가자마자 이준이를 복도 끝으로 불러냈다.

"이준아, 내 부탁 좀 들어줘!"

"뭔데?"

"편지 좀 써 줘."

"편지?"

지령이는 고개를 격하게 끄덕였다. 덩달아 이준이의 표정도 심각해졌다.

"너 소문이 진짜구나?"

지렁이는 다시 고개를 끄덕였다.

'네가 생각하는 그 소문 맞아. 나 서율이 좋아해!'

이런 마음을 담아 정성껏 고개를 끄덕이는데 이준이가 한심한 듯 말했다.

"역시 소문대로 한글을 못 뗀 게 맞았어!"

"무슨 소리야? 맞춤법이 좀 헷갈리긴 해도 한글 다 알거든!"

"한글도 알면서 편지를 왜 대신 써 달라는 거야?"

"너도 알다시피, 내 글씨가!"

이준이는 다음 말은 듣지도 않고 알겠다는 듯 "아." 하고 미소 지었다. 그러고는 아주 시원한 목소리로 대답했다.

"좋아! 누구한테 쓰려고 하는데?"

흔쾌히 허락하다니 지렁이는 깜짝 놀랐다. 행여 이준이 마음이 바뀔까 봐 책가방에 든 편지지와 연필을 다급하게 내밀었다. 이준이가 편지지와 연필을 잡았다. 연필을 든 이준이의 손이 그렇게 믿음직스러울 수가 없었다.

"그래. 김지령, 내가 너 도와준다! 이제 형님으로 모셔라! 음하

하하!"

"오, 그럼요. 형님이고말고요!"

"뭐라고 쓸까?"

"서율이에게!"

"뭐? 누구? 내 짝?"

"그래. 얼른 쓰기나 해. 서율이에게. 서율아, 네가 전학 온 순간부터 너랑 친하게 지내고 싶었어. 나랑 짱구 분식에 떡볶이 먹으러 갈래? 꼭 대답해 줘. 그럼 안녕."

이준이는 아무런 대답도 하지 않고 편지를 썼다. 다 쓴 다음 편지 봉투에 넣어 풀로 꼭꼭 붙인 다음 지렁이에게 내밀었다.

"자, 난 다 썼다!"

"내가 불러 준 대로 쓴 거 맞지?"

"그럼 뜯어서 보든가!"

"안 돼, 그럼 망가지잖아."

지렁이는 아주 소중한 물건을 대하듯 고이 가방에 집어넣고 교실로 들어갔다. 그리고 호시탐탐 편지를 서율이 책상 서랍 안에 넣을 기회를 노렸다. 서율이가 자리를 비우면 책상 서랍에 쏙 넣어 두려는 속셈이었다. 하지만 서율이와 윤지가 계속 교실에 있어서 기회를 잡기가 쉽지 않았다.

'좋아, 점심시간에 몰래 넣자!'

지령이는 급식을 먹자마자 부리나케 교실로 달렸다. 황급히 주머니에 넣어 두었던 편지를 서율이의 책상 서랍 안에 넣었다. 서율이가 보면 좋아할 거라는 생각에 입이 헤벌쭉 벌어졌다.

그때 서율이와 윤지가 교실로 들어왔다.

지령이는 교실 뒤로 가서 보드게임을 펼쳤다. 괜히 과장해서 보드게임을 하자고 크게 외쳤다. 이준이와 현우까지 모여서 보드게임을 시작했다. 서율이는 들어오자마자 자리에 앉아 교과서를 꺼내다 소리쳤다.

"어머, 이게 뭐지?"

"어머? 편지잖아? 누가 보냈어?"

윤지의 또랑또랑한 목소리도 지령이 귀에 확 꽂혔다.

서율이는 편지를 몰래 읽었다. 편지를 다 읽고 편지 봉투 안에 편지를 넣었다.

"누군데?"

윤지는 편지 보낸 사람을 알기 위해서 채근했다.

"누군데? 뭐라는데?"

"이름이 없어."

"이름이 안 써 있다고?"

윤지는 어이없다는 듯 서율이를 쳐다보았다. 지령이는 화가 나서 얼굴이 벌겋게 달아올랐다.

'아니, 이름을 안 쓰면 어떡하란 말이야.'

지령이는 이준이를 확 노려보았다.

그런데 이상했다. 지령이가 화난 것과 다르게 이준이는 샐쭉 웃고 있는 게 아닌가! 이준이의 시선이 닿은 곳에 서율이가 있었고 서율이도 이준이를 쳐다보고 있었다.

'뭐야? 설마 이준이가 편지 줬다고 생각하는 거야?'

수업 시간 내내 지령이는 모든 신경이 이준이와 서율이 쪽으로 향했다. 5교시에도, 알림장을 쓰면서도 계속 거슬렸다. 그렇잖아도 꼬불거리는 글씨는 비 온 날 지렁이들이 소풍이라도 나온 듯 더욱 꼬불거렸다. 오늘도 지령이가 도장을 받을 때까지 모둠 아이들은 기다리고 또 기다렸다.

드디어 도장을 받고 서율이, 이준이, 윤지와 함께 교실을 나설 때였다.

"이준아, 나랑 짱구 분식 갈래?"

서율이가 이준이에게 물었다.

"짱구 분식?"

이준이가 서율이를 쳐다보았다. 서율이는 오히려 그게 웃긴지 깔깔거렸다.

"응, 우리 떡볶이 먹자."

그 말에 지령이는 발끈했다.

"야! 떡볶이를 왜 이준이랑!"

"으이그! 눈치도 없냐. 김지령, 넌 글씨 연습해야지! 오늘도 너 때문에 늦게 가잖아?"

윤지는 지령이의 뒷덜미를 움켜쥐었다.

"안 돼! 짱구 분식은 내가 갈 거라고!"

버둥거렸지만 쓸데없는 짓이었다. 서율이와 이준이는 짱구 분식을 향해 걸어갔다. 세상에 둘만 있는 것처럼.

"김윤지, 진짜 잘 알려 줘! 기필코 글씨 잘 쓰고 말 거야!"

글씨를 잘 쓰는 것이 직업으로 연결되기도 해요. 과연 글씨와 관련해 어떤 직업들이 있는지 함께 살펴볼까요?

문서나 책에 글씨를 쓰는 사람들을 필경사라고 불렀어요. 필경생(筆耕生), 필경공(筆耕工)으로도 불린 필경사는 현대에는 인쇄술의 발달로 그 수가 줄었지만 아직도 정부 기관에서 수여하는 상장이나 임명장에 글씨를 쓰는 필경사가 남아 있어요.

서예는 중국에서 비롯되었어요. 붓으로 글씨를 쓰는 예술가를 서예가라고 해요. 한자뿐만 아니라 한글도 종이 위에 표현하지요. 서예가들은 글씨를 예술로 승화시켜요.

'폰트'라고 불리는 서체를 개발하는 사람을 말해요. 우리가 사용하고 있는 컴퓨터나 휴대 전화의 폰트를 만들고 사람들에게 판매하지요.

다양한 펜과 붓, 매직, 물감 등의 재료를 가지고 예쁜 글씨를 쓰는 직업이에요. 제품명이나 광고 문구가 눈에 확 띄도록 글씨를 써요.

그리스어 'Kalligraphia'에서 유래한 캘리그라피는 '아름다운 서체'란 뜻을 지닌 말로 손으로 그린 아름다운 그림 문자를 뜻해요. 캘리그래퍼는 아름다운 글씨로 광고나 제품, 책 표지, 영화나 드라마 제목 등을 멋지게 표현해요.

손 글씨를 감정하고 평가하는 일을 해요. 사람의 글씨체를 필체라고 하는데 필체를 분석해서 그 글씨를 쓴 사람의 성격을 알아보거나, 진짜 그 사람이 쓴 것인지 아닌지를 판단해요.

마음을 꾹꾹 담아

"이젠 본격적으로 쓰는 거지?"

"아니! 이젠 단어를 써 볼 거야."

"단어라니! 도대체 문장은 언제 쓰냐고!"

"단어가 끝나야 문장을 연습하지."

윤지는 가방을 뒤적여 공책을 내밀었다. 윤지가 내민 공책에는 네모난 칸 안에 십자로 점선이 그어져 있었다.

"이건 또 뭐야?"

"네 글씨 모양이 안 예쁜 이유를 알았거든."

윤지는 제법 선생님 같은 말투로 말했다.

"넌 글씨 크기가 컸다 작았다, 글자 간격이 넓었다 좁았다 하거나 삐뚤빼뚤해. 그래서 글씨가 예쁘지 않지. 그럴 땐 이런 공책에 연습하면 좋아. 여기에 바다라고 써 봐."

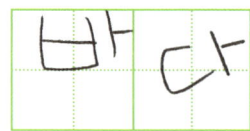

"바다를 쓰긴 했는데, 어딘가 안 예쁘잖아."

"내 평소 글씨보다 훨씬 훨씬 잘 썼거든?"

"아냐, 글씨가 울퉁불퉁해. '바' 자는 높고 '다' 자는 낮잖아. 글사의 높이가 맞아야지."

그러더니 윤지는 직접 또박또박한 글씨로 크기가 같게 '바다'를 썼다.

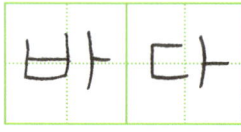

"어때? 이렇게 쓰니까 훨씬 예쁘지 않아?"

그러고 보니 맞는 말이었다. 훨씬 또박또박 바르게 써 있었다.

"좋아. 크기를 맞추고 글자의 높이도 맞추란 거지? 쉽네, 한번 해 보지, 뭐."

지령이는 한 글자 한 글자에 정성을 들였다. 한 글자를 쓰는 데 이렇게 힘이 들까 싶을 만큼.

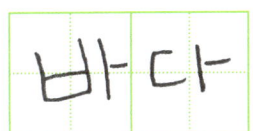

"자, 이제 됐냐?"

"그래, 연습하니까 확실히 나아졌어! 글씨 쓰기는 무지 귀찮은 일이지? 글씨를 엄청나게 잘 쓸 필요는 없어. 대신 사람들이 네 글씨를 봤을 때 깔끔하다고 느낄 정도면 돼. 사람마다 필체가 다 다르니까."

윤지의 말이 확 와닿았다. 이미 글씨 쓰는 게 세상을 살면서 꼭 필요한 일이라는 것은 알게 되었으니까.

"글씨 크기와 높이, 간격을 맞추어서 또박또박 한 자씩 정성을 들여 쓰다 보면 마음이 깨끗해지는 것 같기도 해. 또박또박 쓰다 보면 어느새 너만의 글씨체가 만들어질 거야."

윤지는 말을 마치고 공책에 '바다'와 '하늘'을 쓴 다음 '연습 30번씩'이라고 적었다.

"자, 내 말 명심하고 숙제해 놔라!"

윤지는 숙제만 잔뜩 내 주고 자기 집으로 돌아갔다.

"아흐, 하루가 급한데 언제까지 이렇게 연습만 하냐고!"

지렁이는 버럭 화가 났다. 이렇게 단어만 백날 천날 연습하다가 편지는 언제 쓴단 말인가!

'편지를 이준이가 썼다는 걸 알게 된다면!'

지렁이는 그 사실이 밝혀질까 봐 조마조마했다.

'이럴 바에는 차라리 내가 밝히는 게 낫겠어.'

지렁이는 편지지를 펼치고는 글씨를 써 내렸다.

고작 다섯 줄 쓰는 게 이렇게 힘든 일이었나? 이마에서 식은땀이 줄줄 났다.

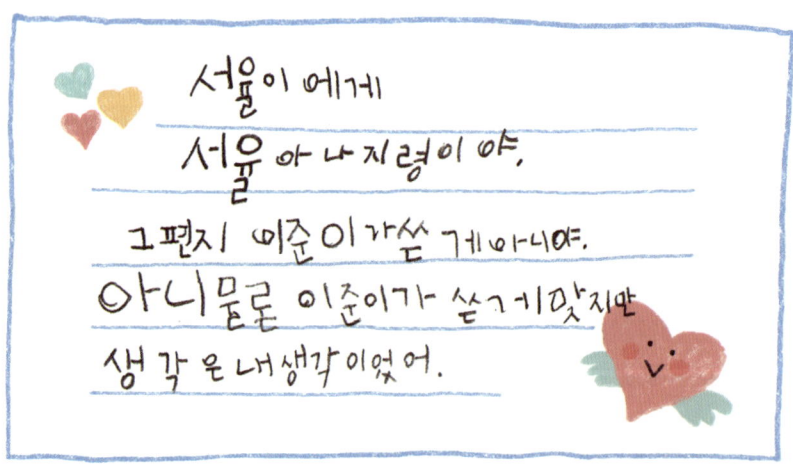

그런데 막상 써 놓은 내용도 너무 보잘것없었다. 지렁이는 지우고 또 지우고 쓰고 또 썼다. 그러다 보니 윤지가 내 주고 간 숙제보다 더 많은 글씨를 썼다.

"한 자씩 또박또박 쓰면 되잖아, 까짓것!"

지렁이는 서율이랑 친하게 지내고 싶은 마음을 꾹꾹 눌러 담아 글씨를 썼다.

그동안 빨리 끝내려고 급하게 휘갈겨 썼던 글씨들이 떠올랐다. 성격이 급해서, 문제를 빨리 풀고 싶어서, 숙제를 빨리 끝내고 싶어서, 글씨 쓰는 게 귀찮고 짜증 나서 대충 휘갈겨 썼다. 그래서 늘 글씨는 엉망이었다.

지렁이는 자기가 쓴 이름을 알아보지 못했던 서율이, 수학 답안지를 읽지 못했던 선생님, 알림장 도장을 받을 때까지 오랫동안 기다리던 친구들, 그리고 손 글씨에 자신이 없어서 편지도 대신 써 달라고 했던 일들도 차례로 떠올랐다.

더 이상 그런 일을 겪고 싶지 않았다. 급하게 휘갈기던 습관 대신 글자 하나하나에 공을 들였다.

시간이 얼마나 걸렸을까. 마침내 지렁이는 딱 세 줄을 완성할 수 있었다.

써 놓고 보니 가슴 깊은 곳에서부터 뿌듯함이 마구마구 밀려들었다.

예전 지렁이 글씨는 누가 봐도 김지령이 썼다고 말하는 듯했다. 하지만 지금 쓴 글씨는 엄청나게 예쁘진 않아도 지령이의 마음이 잘 담겨 있는 모양이었다.

"음, 이 정도면 '멋진 김지령체'라고 해야 하나?"

지렁이가 자기 글씨를 보고 뿌듯한 건 태어나서 처음 있는 일이었다.

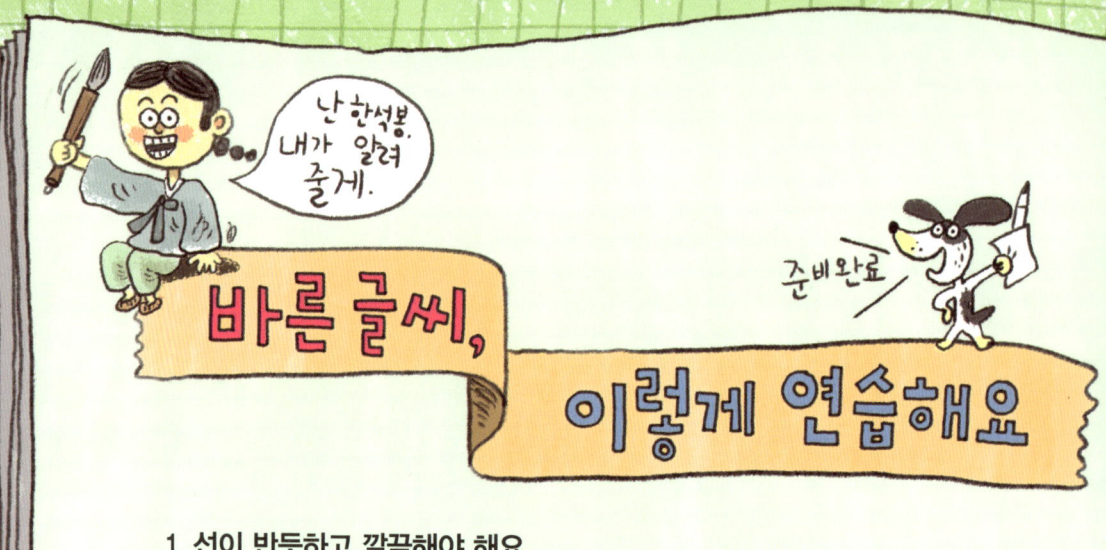

바른 글씨, 이렇게 연습해요

1. 선이 반듯하고 깔끔해야 해요

연필로 글씨를 쓰는 힘을 운필력이라고 해요. 글씨를 쓸 때, 선이 삐뚤빼뚤하다면 운필력이 부족하다는 거예요. 연필을 바르게 잡고 선 긋는 연습부터 해 볼까요? 선이 반듯하고 깔끔해야 글씨가 한결 보기 좋답니다. 본보기 삼을 만한 손 글씨를 찾아보세요. 아마 선이 거의 반듯하고 선의 굵기도 대부분 일정할 거예요.

2. 글자의 높이, 크기, 간격이 맞아야 해요

글자의 높이가 맞아야 해요

예) 아프가니스탄 (O)

아프가니스탄 (X)

한 글자는 크고 한 글자는 작으면 글씨가 울퉁불퉁해 보이겠죠? 글자를 일정한 높이로 가지런히 쓰면 더 깔끔하게 보일 거예요.

글자의 크기가 일정해야 해요

높이는 비슷한데 하나는 옆으로 퍼지고 한 글자는 날씬하다면? 이것도 역시 울퉁불퉁해 보여요. 일정한 크기로 맞춰 주어야 예쁜 글씨, 깔끔한 글씨로 보일 거예요.

간격도 일정해야 해요

글자 크기를 가지런하게 정돈했나요? 단어를 쓸 때는 자음과 모음의 간격도 맞춰 줘야 해요. 문장을 쓸 때는 단어와 단어 사이의 띄어쓰기 간격을 잘 맞추면 가지런해 보일 거예요.

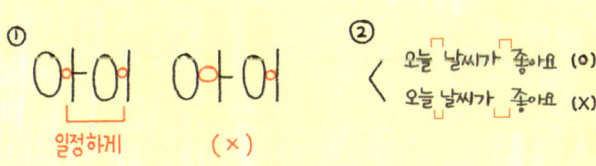

반듯한 선, 글자의 높이와 크기, 간격 등을 생각하면서 한 자 한 자 정성을 다해 써 볼까요?
글씨를 가지런하고 단정하게 쓰려면 끈기와 노력이 필요하답니다. 그렇지만 마음을 담아 또박또박 바르게 글씨를 써 놓고 보면 아주 뿌듯할 거예요.

진짜 글씨 찾기

지령이는 평소보다 일찍 교실에 도착해 시율이의 책상 서랍 안에 편지를 넣어 둔 다음, 교실 밖으로 뛰어나갔다. 서율이가 편지 보는 모습을 상상하니 심장이 빨리 뛰었다.

지령이는 수업이 시작되기 직전에 교실로 들어왔다.

'봤을까? 아직 안 봤나? 봤을까? 아직 못 봤나?'

뒤돌아 서율이의 얼굴 표정을 살폈다. 알 수 없는 표정이었다.

그때 서율이가 책상 서랍에서 책을 꺼냈다. 지령이는 왠지 부끄러워서 고개를 푹 숙였다.

"어! 편지네?"

서율이의 목소리가 들렸다. 지령이는 심호흡을 하고 활짝 웃으면서 서율이를 바라보았다. 그런데 서율이가 꺼내 든 편지가 좀 이상했다. 지령이의 편지가 아니었다.

'어?'

그 순간, 서율이의 책 사이에서 다른 편지 한 통이 툭 하고 떨어졌다.

"또 편지잖아?"

떨어진 편지는 지령이가 보낸 편지가 확실했다.

"뭐야? 편지가 두 통이나 온 거야?"

윤지는 신나서 호들갑을 떨었다.

"빨리 꺼내 봐!"

서율이는 편지 봉투에서 편지를 꺼내 책상 위에 올렸다.

"이상하다. 글씨체가 다른데?"

"그러면 서로 다른 아이가 편지를 보낸 거란 말이야?"

아이들은 서로 편지를 보겠다고 나섰다.

'뭐야? 나 말고 또 누가 편지를 쓴 거야?'

지령이는 불안한 마음에 아이들을 쳐다보았다.

아이들은 탐정이라도 된 듯 두 통의 편지를 바라보면서 누구일지 추리했다.

서울아, 안녕.
나는 너랑 오래오래 친구가 되면 좋겠어.
네 마음도 알고 싶어. 답장해 줘.
　　　　　　　　　　　지령이가

서울아, 나는 네가 참 좋아.
앞으로도 너랑 친하게 지내고 싶어.
우리 사귀지 않을래?
　　　　　　　　어제 그 아이가

"이 편지에는 '김지령'이라고 써 있는데 이 편지에는 '어제 그 아이가' 라는데?"

현우가 두 장의 편지를 꼼꼼하게 대조해 보았다.

"맞아, 다른 사람이야."

윤지도 안경을 치켜올리며 똘똘하게 말했다.

지령이는 화가 불끈 솟았다. 편지를 보지 않아도 알 것만 같았다. 한 통은 바로 이준이가 썼다는 것을. '어제 그 아이가' 라는 것이 증거였다.

지령이는 이준이를 노려보았다. 입을 다문 채 아무 말도 하지 않는 이준이가 너무 얄미웠다.

그때 서율이의 입에서 하늘이 무너지는 듯한 말이 나왔다.

"이 글씨 누군지 알아. 매일 보는 글씨라서."

그러고는 이준이 쪽으로 고개를 돌렸다.

"뭐야, 너희 둘이 사귀는 거야?"

"잘 어울리는데?"

"대박! 정이준이 어제도 고백한 거야?"

아이들이 왁자하게 떠들어 댔다.

그때 지령이가 벌떡 일어났다.

"서율이 먼저 좋아한 건 나란 말이야! 어제 그 아이도 나잖아! 정이준! 네가 말해 봐!"

지령이는 이준이를 몰아붙였다.

"아, 아니. 그게……."

아이들은 점점 더 흥미로운 듯 몰려들었다.

"네가 글씨 못 쓴다고 나한테 써 달라고 했잖아!"

이준이가 발뺌하듯 말하자 아이들의 눈이 휘둥그레졌다. 특히 서율이가!

"뭐야? 지령이가 서율이를 좋아해서 이준이에게 편지를 대신 써 달라고 했던 거야?"

윤지가 지령이와 이준이 사이를 번갈아 보며 물었다. 서율이의 표정이 일그러졌다. 지령이와 이준이도 표정도 그랬다.

"와, 지령이가 좋아하는 걸 알면서 이준이도 서율이한테 고백한 거야?"

아이들이 수군거렸다.

"배신이네! 지난번에 서율이가 짱구 분식 가자고 한 것도 이준이 네기 쓴 줄 알고 그린 건데."

윤지가 이준이에게 톡 쏘며 이야기했다.

"아, 아니야. 지령이가 편지 내용 불러 줄 때 이름은 안 불러 줬단 말이야!"

아이들은 세상에서 최고로 재미있는 일이 생긴 것처럼 책상을 치며 웃어 댔다.

"서율아, 네 마음은 어떤데?"

아이들은 공부할 때보다 훨씬 초롱초롱한 눈빛으로 서율이를 바라보았다.

이준이와 지령이도 서율이를 바라보았다. 서율이는 입술을 살짝 깨물며 난처한 표정을 지었다. 그때 이준이가 지령이가 쓴 편지를 들며 소리쳤다.

"잠깐! 그런데 이게 진짜 김지령이 쓴 거라고?"

아이들이 몰려들어 서로 편지를 보느라 난리였다.

"그래! 이게 진짜 지령이 글씨라고?"

"야, 말도 안 돼!"

지령이는 윤지에게 전달되려는 편지를 빼앗았다.

"아! 그만 좀 보라고!"

"김지령, 내가 다른 건 다 믿겠는데 이 글씨가 네 글씨라는 건 절대 못 믿겠는데? 이것도 누가 써 준 거지?"

이준이는 끝까지 지령이 속을 벅벅 긁었다.

"그렇지, 김지령이 이렇게 또박또박 쓸 리가 없잖아!"

아이들의 시선이 모두 지령이에게 쏠렸다. 지령이는 벌떡 일어나서 크게 외쳤다.

"아, 아냐! 나 연습했단 말이야! 편지 쓰려고 매일 글씨 연습했다고!"

"맞아, 연습한 건 나도 알아!"

윤지도 한몫 거들었다. 그때 선생님이 교실로 들어왔다.

"왜 이렇게 소란스러워?"

아이들은 선생님에게 편지에 대한 이야기를 모두 털어놓았다. 선생님은 서율이 자리까지 걸어와 지령이의 편지를 읽어 내렸다.

"그러니까 이게 지령이 글씨라고?"

지령이는 고개를 끄덕였다.

"정말 네 글씨란 말이야?"

선생님은 지령이를 보면서 몇 번이고 물었다.

"네, 맞아요. 제 글씨예요."

"맙소사! 세상에 어떻게 이런 일이!"

선생님은 기적을 목격한 사람처럼 입을 쩍 벌렸다.

"사랑으로 이루지 못할 일은 없구나! 기특하다, 지령아!"

선생님은 지령이 머리를 연신 쓰다듬어 주었다. 지령이는 창피함과 민망함과 기쁨이 교차하는 이상한 기분이 들었다.

그날 지령이는 알림장마저도 한 번에 통과했다. 선생님은 지령이의 알림장을 보고 거의 울 것 같은 표정을 지었다.

"장하다, 우리 김지령!"

그러면서 꽉 안아 주기까지 했다.

"이게 다 스승님을 잘 만난 덕분이지!"

윤지가 피식 웃으며 말했다.

"아니거든!"

지령이가 맞받아쳤다.

"맞거든! 김지령 때문에 만날 꼴찌로 가다가 오늘은 김지령 덕분에 두 번째로 집에 가네?"

윤지 말에 지령이도 이준이도 서율이도 모두 깔깔 웃었다. 그때 윤지가 걸음을 멈췄다.

"아, 잠깐만! 나 교실에 뭐 두고 왔어. 기다려!"

윤지가 교실로 쏜살같이 달려갔다.

"맙소사, 나도 자전거 헬멧 놓고 왔어. 기다려!"

이준이도 교실로 달려갔다. 복도에는 지령이와 서율이만 남았다. 지령이가 어색한 듯 머뭇거리다 입을 열었다.

"서율아, 편지 말이야. 내가 귀찮아서 이준이한테 부탁한 게 아니라 네가 지난번처럼 글씨를 못 알아볼까 봐 그랬던 거야. 연습해서 편지 쓰려고 했는데 글씨가 너무 안 예뻐서 그만……."

지령이가 두서없이 말하자 서율이가 주섬주섬 가방에서 뭔가를 꺼냈다.

"지령아, 여기에 네 전화번호 좀 적어 줄래?"

그때 그 예쁜 수첩이었다.

"내 전화번호? 왜?"

서율이가 웃었다.

"친하게 지내자면서?"

"아, 그야 무, 물론이지!"

지령이는 윤지에게 고마운 마음이 들었다. 숫자부터 연습하게 한 것, 이런 큰 그림이 있었나 싶었다. 연습할 때 투덜대고 짜증 낸 것을 오늘 꼭 사과하리라 마음먹었다.

지령이는 한 글자 한 글자 또박또박 바르게 써 내렸다. 그래야 서율이에게 전화가 걸려 올 테고, 그래야 서율이와 오래오래 친하게 지낼 수 있을 테니까!

글씨를 연습해 볼까요?

글씨 쓰기 연습은 손도 아프고 지루할 수 있어요. 하지만 무엇인가를 이루기 위한 연습 과정은 늘 그렇답니다. 연습을 거쳐 습득하게 되면 전보다 나은 '나'로 발전하지요.

글씨 쓰기 연습이 조금 지루하다면 여러분이 좋아하는 가수의 노랫말이나 좋아하는 동시를 따라 적어 보는 것도 좋은 방법이에요. 친해지고 싶은 친구에게 편지를 쓰며 연습하는 것도 방법이겠네요. 우리는 사랑과 우정에 관한 명언들을 쓰면서 예쁘고 바른 글씨를 연습해 볼까요?

사랑

사랑은 눈으로 보지 않고, 마음으로 보는 것이다.

— 윌리엄 셰익스피어

사랑과 기침은 감출 수가 없다.   — 조지 허버트

겁쟁이는 사랑을 드러낼 능력이 없다. 사랑은 용기 있는 자의 특권이다.
— 간디

세상에는 빵 한 조각 때문에 죽어 가는 사람도 많지만 작은 사랑도 받지 못해서 죽어 가는 사람은 더 많다. — 마더 테레사

인생에 있어서 최고의 행복은 우리가 사랑받고 있음을 확신하는 것이다.
— 빅토르 위고

우리는 흔히 조금 좋아해 놓고 사랑한다고 말해 버린다.
하지만 절대 좋아하는 것이 사랑일 순 없다.
사랑한다는 말은 진실을 위해 아껴야 한다.　　　− 생 텍쥐페리

사랑의 반대말은 무관심이다.　　　− 발자크

낱말 하나가 삶의 모든 무게와 고통에서 우리를 해방시킨다. 그 말은 사랑이다.　　　− 소포클레스

우정

친구는 제2의 자신이다. — 아리스토텔레스

친구는 모든 것을 나눈다. — 플라톤

친구란 무엇인가? 두 개의 몸에 깃든 하나의 영혼이다.
— 아리스토텔레스

벗이 먼 곳에서 찾아오면 또한 즐겁지 아니한가! — 공자

사탕발림 칭찬이 아닌 분별 있는 애정의 증표로 친구를 사귀어라.
― 소크라테스

너의 친구를 그의 결점과 함께 사랑하라. ― 이탈리아 격언

친구는 기쁨을 배로 늘리고 슬픔은 반으로 줄인다. ― 실러

가장 좋은 거울은 오랜 친구이다. ― 조지 허버트